I0441218

De las palabras: una memorabilia

Conocimiento y diversión pueden
ser sinónimos

Ignacio Gómez Gallegos

De las palabras: una memorabilia
Conocimiento y diversión
pueden ser sinónimos

México ♦ Miami ♦ Buenos Aires

De las palabras: una memorabilia
Conocimiento *y* diversión *pueden ser sinónimos*
© Ignacio Gómez Gallegos, 2010

Quarzo

D. R. © Editorial Lectorum, S. A. de C. V., 2010
Centeno 79-A, col. Granjas Esmeralda
C. P. 09810, México, D. F.
Tel. 5581 3202
www.lectorum.com.mx
ventas@lectorum.com.mx

L. D. Books Inc.
Miami, Florida
sales@ldbooks.com

Lectorum, S. A.
Buenos Aires, Argentina
ventas@lectorum-ugerman.com.ar

Primera edición: febrero de 2010
ISBN: 978-1505-354386

© Portada: Perla Alejandra López Romo

Introducción

Las palabras —conjunto de letras o de sonidos— sirven para comunicarnos, pero también para divertirnos, para entretenernos.

En este libro se recopila una serie de pequeños artículos sobre las palabras, con un enfoque lúdico, pero a la vez cultural. Algunos de ellos aparecieron publicados, en versiones un poco diferentes, en la revista *Algarabía*.

Todos los artículos son independientes entre sí, por lo que se pueden leer en el orden que se desee.

Ojalá esta publicación sea divertida de leer, como lo fue de escribir.

Ignacio Gómez Gallegos

El uso de las letras

Como es obvio, algunas letras se emplean más que otras para formar palabras, sin importar cuál sea el idioma.

Con el fin de analizar lo que ocurre con el español hablado en México, se utilizó como base el corpus de casi dos millones de palabras tomadas de textos de diversos orígenes y géneros, tanto hablados como escritos, formado por El Colegio de México para elaborar sus diccionarios.

Del corpus se tomaron las 848 palabras de mayor uso y se calculó qué tanto se emplea cada letra. Los resultados son los siguientes:

letra	frecuencia (%)	letra	frecuencia (%)
a	11.96	k	0.00
b	1.37	l	6.60
c	3.88	m	2.91
d	4.40	n	6.69
e	16.18	ñ	0.19
f	0.36	o	9.43
g	0.84	p	2.97
h	1.13	q	1.81
i	4.96	r	4.93
j	0.37	s	7.10

letra	frecuencia (%)	letra	frecuencia (%)
t	3.99	x	0.09
u	5.18	y	1.69
v	0.69	z	0.26
w	0.00		

Las vocales representan casi la mitad (47.71%) del uso.

Las letras *k* y *w* son tan ajenas a nuestro idioma, que no se utilizaron en ninguna de las palabras consideradas.

Si ordenamos las diez letras de más uso de mayor a menor frecuencia, quedan así: *e, a, o, s, n, l, u, i, r, d* .

Su distribución relativa es bastante similar a lo que ocurre en el español de España.

La letra *e* es también la más empleada en algunos otros idiomas, como el inglés, el francés y el alemán.

Este tipo de análisis puede ser usado para diseñar teclados de máquinas de escribir o de computadoras, en criptografía o para inventar juegos de mesa, como el Scrabble.

Como cosa curiosa, las letras que más se emplearon para escribir esta nota fueron: *a, e, s, o, r.*

La muda

Entre las propuestas que han hecho para simplificar la ortografía del español diferentes personas ligadas al lenguaje —Andrés Bello, Amado Nervo o Gabriel García Márquez— está la de eliminar la letra *h*, como se hizo en el italiano hace cinco siglos.

El argumento básico se apoya en la siguiente pregunta: ¿por qué escribir una letra que actualmente no suena, que es enteramente ociosa?

De hecho, algunas palabras han perdido la *h* que tenían originalmente, como *armonía*, *arpa*, *arpón* y *arpía*. En su equivalente en inglés la conservan: *harmony*, *harp*, *harpon* y *harpy*, aunque en este idioma sí corresponden a un sonido.

La última edición del *Diccionario de la Real Academia Española* contiene 2 171 voces que empiezan con *h*. Adicionalmente, hay unas 580 que la tienen intermedia (sin considerar la *h* del fonema *ch*). Incluso, hay seis palabras que terminan en *h*: *ah*, *bah*, *eh*, *oh*, *sah*, *uh*, y la mayoría son interjecciones.

Si se suprimiera, además de simplificar la ortografía, se escribiría un 1.1% menos. Sin embargo, las tradiciones son difíciles de cambiar.

La *o*

La *o* se emplea como conjunción disyuntiva en español, como en "blanco *o* negro o en tú *o* yo". Hasta 1911 era norma acentuarla siempre que desempeñara esta función, pero la gramática académica de ese año consideró que, al no llevar acento prosódico, tampoco debía llevarlo por escrito.

La única excepción es cuando aparece entre dos cifras y lleva en estos casos acento gráfico, para evitar que se confunda con el cero. Así, "3 *ó* 4" no puede tomarse por el número 304.

La *q*

En el español, y en otros idiomas, la letra *q* se escribe generalmente seguida de la *u*. Por lo anterior, se ha propuesto que en los teclados de las computadoras y de las máquinas de escribir, al oprimir la *q*, se escriba *qu*, con lo que habría un ahorro de 1.8% de los teclazos en el español de México, de acuerdo con estudios de frecuencia de uso de las letras.

Sin embargo, no siempre ocurre así. Aparte de los nombres propios, como los de los países asiáticos Iraq y Qatar o el de la línea aérea australiana Qantas (siglas de Queensland and Northern Territory Aerial Services Limited) o la marca de los hisopos para limpieza y para aplicar algo Q-tips (donde la *q* es de *quality*, "calidad" en inglés), se escriben sin la *u* la designación de la propia letra y también la representación de una carga eléctrica. En probabilidad se emplea para designar al complemento de *p* y juntas hacen 100%; en química para decir que algo es químicamente puro, **QP**; en siglas como q. e. p. d., que significa "que en paz descanse"; para nombrar estaciones de radio, como la **XEQ** de la ciudad de México; para abreviar Quintana Roo: Q. R.; o para escribir el galicismo *coq au vin*, para el sofisticado platillo a base de pollo.

También, de acuerdo con el *Diccionario de la Real Academia Española*, se utiliza para escribir *qasba*, sinónimo de *kasba,* barrio antiguo árabe de algunas ciudades del norte de África; *qabari,* grupo de iraníes fieles al mazdeísmo; y *qaysíes,* tribu árabe, que no aparece en el *Diccionario de la Real Academia Española* pero sí en el Larousse. En el diccionario de María Moliner está, además, *qatarí,* nativo de Qatar.

En fin, hasta esta letra, para muchos aburrida, tiene cosas interesantes.

El uso de las palabras

El utilizar más unas palabras que otras refleja, además de la educación, la idiosincrasia de los habitantes de un país. Desde 1973, El Colegio de México está realizando un diccionario del español empleado en México, del que ya ha sacado tres versiones.

Para este proyecto, el punto de partida fue un cuerpo de casi dos millones de palabras, tomadas de textos de diversos orígenes y géneros, tanto hablados como escritos.

De dicho conjunto se hizo, entre otras cosas, un análisis de frecuencia. Al estudiar las 848 palabras —o entradas— más usadas, se obtuvieron conclusiones muy interesantes:

- las 20 palabras más frecuentes representan 36% de todas las empleadas; 18 de éstas son monosílabas.
- la palabra de mayor uso en el país es *la*, y mientras que en inglés el monosílabo *yo* ocupa el primer lugar en uso, en México tiene apenas el lugar 39.
- respecto a los nombres de los colores, los más empleados son *blanco* y *negro*.
- en lo que se refiere a los números, los más usados en orden decreciente son *uno, dos, tres, mil, cinco, diez, un millón, seis* y *ocho*.

- el día más nombrado es el *domingo*, mientras que el periodo es *año*, seguido de *día*, *hora*, *mes*, *siglo*, *semana* y *minuto*.
- es más frecuente decir *mañana*, que *hoy* o *ayer*.
- se escuchan más las palabras *papá* o *padre* que *hijo*, *mamá*, *madre*, *familia*, *esposo* o *esposa*.
- se dice con mayor frecuencia, y en orden descendente: *yo*, *usted*, *él*, *ella*, *ellos*, *tú*, *nosotros* y *ellas*.
- se dice más *vida* que *muerte*, *difícil* que *fácil*, *bien* que *mal*, *siempre* que *nunca*, *día* que *noche*, *fin* que *principio*, *calor* o *caliente* que *frío*, *joven* que *viejo*, *mayor* que *menor*, *no* que *sí*, *hombre* que *mujer*, *guerra* que *paz*, *dios* que *diablo* o *demonio*, *cielo* que *infierno*, *luz* que *sombra*, *mucho* que *poco*, *cierto* que *falso*, *verdad* que *mentira*, *oro* que *plata*, *sol* que *luna*.
- la palabra más larga de uso frecuente es *aproximadamente*, con 15 letras.

Anagramas

Un anagrama es una palabra formada con las letras de otra, colocadas en orden distinto.

A continuación se presentan algunos de muchas letras:

- **enérgicamente**: genéricamente
- **enfriamiento**: refinamiento
- **irónicamente**: renacimiento

Con nombres propios:

- **Abelardo:** adorable, arboleda
- **Adán:** nada, anda
- **Adela:** ladea
- **Adrián:** anidar, darían, radian
- **Agustina:** angustia
- **Alba:** bala
- **Alberto:** bolarte, retablo, tablero
- **Alejandro:** relajando
- **Alfredo:** faldero
- **Álvaro:** ovalar, valora, volara
- **Amanda:** manada

- **Ambrosia:** arabismo
- **Amparo:** páramo
- **Ángela:** alegan, galena
- **Arturo:** rotura
- **Carla:** calar, clara, lacar, lacra
- **Carlos:** claros
- **Carolina:** coralina
- **Clara:** Carla, lacar, lacra
- **Claudia:** licuada
- **Cleopatra:** aceptarlo
- **Coral:** calor, colar
- **Cristián:** Cristina, inscrita
- **Darío:** árido, odiar, radio, roída
- **Eduardo:** deudora
- **Elisa:** ilesa
- **Enrique:** quieren
- **Ernesto:** enteros, estreno, eternos
- **Eva:** ave, vea
- **Faustino:** infausto
- **Fermín:** firmen
- **Fernando:** frenando, ofrenda
- **Flora:** farol, foral
- **Francisco:** confiscar
- **Gema:** mega
- **Gerardo:** derogar, regador

- **Germán:** margen
- **Gloria:** gorila
- **Héctor:** trecho
- **Inés:** sien
- **Inmaculada:** calumniada
- **Irene:** reine
- **Isabel:** bailes
- **Israel:** serial
- **Javier:** viraje
- **Lara:** rala
- **Leandro:** enlodar
- **Lorena:** alerón, lanero
- **Lucía:** licua
- **Luisa:** ilusa
- **Manuel:** muelan
- **Marcela:** camelar, clamaré, reclama
- **Marcelo:** carmelo, reclamo
- **Marco:** macro
- **Mariana:** amainar, amarían, animará
- **Mariano:** armonía
- **Marina:** animar, imanar
- **Mario:** maori
- **Mateo:** meato
- **Matías:** masita
- **Micaela:** acémila, camelia

- **Mónica:** camino, camión
- **Narciso:** cornisa
- **Néstor:** tensor
- **Nicolás:** colinas, níscalo, oscilan
- **Nuria:** ruina
- **Olga:** algo, galo, lago
- **Omar:** amor, mora, ramo
- **Óscar:** arcos, caros, rocas, rosca, sacro
- **Pedro:** poder
- **Raimundo:** inmaduro
- **Ramón:** moran, norma
- **Ramona:** amaron, aroman, romana
- **Ricardo:** criador, corrida
- **Rosa:** osar, raso
- **Rosalía:** salario
- **Ruperta:** reputar
- **Salomé:** leamos
- **Sancho:** anchos
- **Sara:** asar, rasa
- **Sebastián:** ebanistas
- **Sergio:** riesgo
- **Silvestre:** vestirles
- **Susana:** saunas
- **Teresa:** estera, aretes
- **Valentín:** ventilan

Con apellidos:

- **Aguilar:** igualar
- **Alvarado:** lavadora, valorada
- **Ávila:** valía
- **Barrera:** aberrar
- **Cabrera:** bracear, bracera, cabrear, recabar
- **Campos:** compás
- **Castillo:** costilla
- **Castro:** costra
- **Cortés:** sector
- **Espinoza:** espinazo
- **Estrada:** desatar, restada
- **García:** gracia
- **Lara:** rala
- **Luna:** nula
- **Miranda:** madrina
- **Molina:** milano
- **Nava:** vana
- **Olvera:** volear
- **Ortega:** gotear, gotera, regato
- **Ramos:** morsa
- **Rangel:** granel
- **Rosales:** salsero
- **Serrano:** resonar

Con nombres de ciudades mexicanas:

- **Córdoba:** brocado, cobrado
- **Iguala:** águila
- **La Paz:** plaza
- **La Piedad:** depilada
- **Mérida:** mediar, mierda
- **Nogales:** eslogan, galenos
- **Querétaro:** terráqueo
- **Tampico:** impacto
- **Torreón:** retorno
- **Toluca:** oculta

Con días y meses:

- **martes:** termas
- **sábado:** basado, sobada
- **febrero:** orfebre
- **abril:** libra, libar
- **agosto:** gotosa

Con los signos del zodiaco:

- **Aries:** seria
- **Tauro:** autor
- **Leo:** olé
- **Virgo:** vigor
- **Libra:** libar, abril
- **Escorpión:** procesión

Con esto se confirma el pensamiento de origen hebreo, de que todo está escrito y sólo podemos cambiar la manera de escribirlo.

Capitónimos

Son palabras que cambian su significado y sus raíces cuando empiezan con mayúscula.
Algunos ejemplos:

alcatraz: flor; es un mexicanismo.
Alcatraz: isla de la Bahía de San Francisco; se le puso así por una especie de pelícanos que abunda en la zona.

chile: picante; del náhuatl *chilli*.
Chile: país sudamericano; viene del quechua *chilli*, "frontera".

ginebra: bebida hecha de granos, con aromas sacados de las bayas del enebro; el nombre proviene del francés *genièvre*, adaptado del dialecto que se habla en el Poitou, forjado a partir del latín *juniperus*, "enebro".
Ginebra: ciudad de Suiza, de origen precelta.

lima: fruto; herramienta.
Lima: capital de Perú, cuyo nombre procede de una palabra indígena.

malta: granos de cereal, generalmente cebada, procesados para fabricar cerveza; del inglés *malt*.

Malta: nombre dado por los fenicios a la isla y que significa "refugio seguro".

roma: sin punta.

Roma: capital de Italia; según la teoría mas aceptada, el nombre viene del gentilicio estrusco *ruma*.

sonora: algo que suena.

Sonora: el segundo estado más grande de México; entre varias versiones, la denominación viene de una deformación de (Nuestra) Señora (del Rosario), nombre puesto por los españoles al descubrir la región.

Palabras derivadas
de nombres de lugares

El nombre de algunas cosas en ocasiones surgió del lugar donde se originaron o se popularizaron, con lo que muchas veces se vuelven denominaciones de origen, es decir, el nombre oficial asignado que tiene garantía de su procedencia y calidad.

Aquí, algunos casos:

ático: el nombre de la planta más alta que tenían las construcciones; viene de la región griega Ática.

bengala: fuego artificial cuyo nombre procede de la región del sur de Asia, llamada así.

bermudas: pantalón corto al que se puso la denominación de las islas del Atlántico.

bikini: traje de baño de dos piezas; se le llamó así porque su lanzamiento, en 1947, ocurrió al año siguiente de las pruebas nucleares norteamericanas en el atolón Bikini, en el Pacífico, que se volvió muy conocido a patir de este hecho.

bohemio: a las personas que llevan una vida irregular y desordenada se les denomina de esta manera, en recuerdo de la región de Europa Oriental donde se dice que abundaban.

brie: queso producido en el distrito agrícola y ganadero de dicho nombre, en Francia. Otros quesos en situación similar son el de burgos, cabrales, camembert, chihuahua, edam, emmental, gorgonzola, gouda, gruyere, havarti, manchego, oaxaca, parmesano, port salut y roquefort, entre otros.

café: según la leyenda, los granos de café se empezaron a utilizar para preparar bebidas en la región de Kaffa, en Etiopía. El nombre se transformó al paso del tiempo en *café*.

calvario: a los padecimientos muy intensos y prolongados se les da el nombre del monte en donde Jesucristo fue crucificado.

canario: los pájaros se llaman así por las Islas Canarias, donde abundan y de donde se llevaron a España. Sin embargo, el nombre de Canarias viene de *can*, "perro", de los que también hay muchos en las Islas.

casimir: tela que se empezó a fabricar en Cachemira o Kashmir, al oeste de los Himalaya.

cereza: de Ceraso, ciudad del Ponto, antiguo reino de Asia en la orilla occidental del Mar Negro; lugar de nacimiento del "romano" Lúculo, quien introdujo la fruta en Roma.

champaña: nombre de la región francesa donde se hace este vino. Casos similares de otras bebidas que llevan el nombre de su lugar de origen son los de armañac (o *armagnac*), bourbon, calvados, chartreuse, coñac, curaçao, grappa, jerez, madeira, marraschino, oporto, pisco y tequila.

chantilly: crema de repostería, llamada así por la ciudad francesa.

charleston: baile que se practicó por primera vez en Charleston, Carolina del Sur, Estados Unidos, en 1903.

colonia: agua perfumada que fue muy popular en la ciudad alemana que tiene ese nombre, durante el siglo XVIII.

dálmata: raza de perros y también personas nacidas en Dalmacia. Un caso similar de perros es el de los chihuahua o chihuahueños.

esclavo: cuando la población de Slavonia, en la actual Yugoslavia, fue invadida en la Edad Media, *slav* se convirtió en sinónimo de alguien que pertenece a una persona.

hamburguesa: por la ciudad alemana donde inicialmente se preparaban con carne cruda y después con carne cocida colocada entre dos panes.

jamaica: planta de propiedades diuréticas; el epónimo es la isla del Caribe, donde más se cultiva en el mundo.

mayonesa: según la versión más popular, se le puso así por el puerto de Mahon, en la isla de Menorca, que un tiempo estuvo dominada por Francia. Se le agregó el sufijo francés *-aise*, "originaria de".

milanesa: carne empanizada; Milán es una importante ciudad del norte de Italia.

moreliana: golosina típica de la capital de Michoacán.

pergamino: de Pérgamo (actualmente Bergama), antiguo reino griego donde se preparaban las pieles para escribir.

sisal: fibra que se utilizaba para fabricar sacos, cordelería, etcétera. Se le conoce de esta manera por el puerto de Yucatán desde donde se exportaba. Es lo mismo que *henequén*.

turquesa: piedra preciosa que posiblemente se empezó a importar a Europa desde Turquía.

Worcester: salsa que empezaron a fabricar en esta ciudad de Inglaterra sus primeros productores: John Lea y William Perrin.

Onomatopeyas

Las siguientes son algunas de las palabras que aparecen en el *Diccionario de la Real Academia Española* como onomatopeyas, es decir, que imitan sonidos; tan utilizadas en las tiras cómicas y en las caricaturas:

- *be*
- *cataplum, catapum, catapún*
- *chinchín*
- *chis*
- *chischás*
- *choz*
- *cucú*
- *fu*
- *frufrú*
- *guau*
- *miau*
- *paf*
- *pataplum*
- *pilpil*

- *rataplán*
- *runrún*
- *tac*
- *talán*
- *tan*
- *tantán*
- *tantarantán*
- *tarará*
- *tararí*
- *tictac*
- *titín*
- *tintirintín*
- *tras*
- *tris*

- *pío*
- *pum*
- *quiquiriquí*

- *tuturutú*
- *zas*

Predominan las que empiezan con la letra *t*.

Hay muchas de uso común, como *cuac cuac* y *ups*, que no figuran.

La forma de escribirlas y de pronunciarlas varía mucho de una lengua a otra; por ejemplo, el *quiquiriquí* de los gallos en español es *cocorico* en francés, *kikeriki* en alemán, *chicchirichi* en italiano, *cocorocó* en portugués, *kukukuku* en árabe, *kokikoko* en japonés y *cock-a doodle-doo* en inglés.

Algunas palabras de uso frecuente tienen un origen onomatopéyico, como *aullar*, *berrear*, *borbotón*, *cacarear*, *chistar*, *chocho*, *cloquear*, *croar*, *graznar*, *maullar*, *mugir*, *piar*, *pitar*, *roncar*, *ronronear*, *rugir*, *sisear*, *tintineo*, *trinar*, *turbulento* y *zumbar*.

Oxímoron

Un oxímoron es la utilización de palabras contradictorias en una misma expresión.

He aquí algunos:

- aditivos naturales
- adulto joven
- alarma silenciosa
- arte comercial
- audiolibro
- cambio constante
- casi exactamente
- ciencia ficción
- copia auténtica
- corta distancia
- crecimiento negativo
- dulce amargura
- estimación exacta
- hacer nada
- hielo derretido
- historia moderna
- largo resumen
- leche evaporada
- lógica irracional
- luz negra
- mala salud
- mala suerte
- naciones unidas
- paciente inquieto
- pequeño gigante
- resumen detallado
- silencio ensordecedor
- tumor benigno
- única alternativa
- vida eterna

Pentavocálicas

Las palabras pentavocálicas o panvocálicas contienen las cinco vocales, sin que se repita ninguna.

En español hay bastantes de ellas. En el *Diccionario de la Real Academia Española* aparecen 640, de las cuales hay 298 donde no se duplica ninguna de las consonantes, como *aceituna, acuífero, adoquier* y un largo etcétera.

Las más conocidas con diez letras son *hipotenusa, leguminosa, murciélago, paquidermo, reputación* y *secundario.*

En nombres propios de hombre hay varias: Aurelio, Ausencio, Venustiano... De mujer: Eudoxia, Eufrosina, Eustolia y Eutropia, entre otros.

Entre los gentilicios de México están *huichapeño* (de Huichapan, Hidalgo), *igualteco* (de Iguala, Guerrero) y *sanluisteco* (de San Luis, parte de la denominación de algunas poblaciones), entre muchos.

En nombres de lugares de cierta importancia no hay ninguno, aunque está la presa de Vaselquillo, cercana a la ciudad de Puebla.

Si nos referimos a nombres pentavocálicos de personas mexicanas famosas, tenemos a José Agustín (escritor), Miguel Canto (boxeador), Jorge Cruickshank (político), Juan Diego (indígena), Lupita Jones (Miss Universo), Raúl Prieto (lexicólogo que usaba el seudónimo Nikito Nipongo), Carlos Slim Helú (empresario), Julián Soler (actor y director de cine) y Raquel Tibol (crítica de arte nacida en Argentina, pero nacionalizada mexicana). Ligado a México está el español autor de la música del Himno Nacional, Jaime Nunó. Si se consideran sólo apellidos, están Olaguibel y Pino Suárez, entre otros.

Por otro lado, en el *Diccionario de la Real Academia Española* hay algunas palabras sin vocales es decir, avocálicas. Siete son siglas: **CD, DDT, DVD, LP, pH, PNN** y **TNT**, una es interjección: *pchs*, y una es abreviatura: Rh, de Rhesus, especie de primates en cuya sangre se descubrió este factor. No están, entre varias, ni **TV** ni el mexicanismo **WC**.

No hay duda de que la variedad del idioma español genera una serie de hechos curiosos.

Tautónimos

Un tautónimo es una palabra formada por dos partes iguales, como *cancán*, *chocho* y *tse-tse*. Son un tipo de aliteración y muchas de ellas son onomatopéyicas.

Encontrar de ocho o más letras en español no es fácil. En *El pequeño Larousse ilustrado* aparecen *beriberi* (enfermedad debida a la carencia de vitamina B), *chinchín* (brindis), *chímachima* (ave que vive en Argentina), *chipichipi* (mexicanismo que significa "llovizna"), *ilang-ilang* (esencia que se extrae de las flores de un árbol que crece en Indonesia y Madagascar y que se utiliza en perfumería), *lapalapa* (otro mexicanismo para *llovizna*) y *picapica* (polvo que causa picazón).

Hay tautónimos formados por tres o más repeticiones, como *chachachá*, el ritmo de origen cubano.

En nombres de poblaciones de cierta importancia en México está Zuazua, en Nuevo León, que se le puso así en honor de un general de la Revolución. Este apellido es de origen vasco.

Tantán.

La última palabra

Los diccionarios en español no concuerdan en cual es la última palabra entre el estimado de 300 000 existentes en nuestro idioma.

El pequeño Larousse ilustrado (2006) pone *zutuhil*, sinónimo de *tsutuhil*, pueblo indígena de Guatemala.

El Santamaría de "mejicanismos" (1992) coloca en la última posición *zutujiles*, variante de *zutuhiles*.

En cambio, el Santamaría de americanismos (1942) y el *Índice de mexicanismos* (2000) tienen al terminar *zuyate*, variante de *zoyate*, una palma o su hoja o la fibra que de ella se obtiene.

El *Diccionario de la Real Academia Española* (2001) y el Corominas de etimologías (1991) ponen al final la palabra *zuzón*, "hierba cana".

El Vox (2002) lista *zwingliano*, "partidario del zwinglianismo", un tipo de protestantismo.

Por último, el Moliner (1998) pone *z...z* y lo define como "grupo de sonido expresivo: *zazo, zonzo*".

En un diccionario donde vinieran las palabras en orden inverso, la última sería *jazz*.

Si hablamos de nombres de personas, el *Diccionario etimológico comparado de nombres propios de persona* (1986) de Gutierre Tibón incluye al final Zulima, nombre femenino de origen semita. El libro *Los nombres de pila españoles* (1998), de Consuelo García Gallarín, coincide con el anterior, poniendo al terminar Zulema y su variante Zulima.

En cuanto a apellidos, si con los directorios telefónicos de las 20 ciudades más grandes del país, donde radica cerca de la mitad de la población total de México, se hiciera un solo listado, al final estaría, y desde hace varios años, Luis Zyman Slomovich, de la ciudad de México. Los dos apellidos de esta persona son de origen judío.

Por otro lado, en la República hay casi 200 000 localidades; la última, ortográficamente, es Zuyaló o Zuyalhó, pequeña población del municipio de Mitontic, en el estado de Chiapas, al norte de San Cristóbal de las Casas.

En cuanto a marcas conocidas, hay un algodón absorbente Zuum y también está el medicamento descongestivo nasal Zyrtec.

Para terminar, ser el último tiene ventajas; una de ellas: llamar la atención.

Problema lingüístico

Durante siglos no se pudo leer la escritura maya, esculpida en pirámides y estelas, y dibujada en vasijas, conchas, huesos, piezas de jade y códices; y ni siquiera se sabía si era de tipo ideográfica, a base de signos que representaban el sentido de las palabras y no sus sonidos, o fonética, a base de caracteres que representaran sonidos.

El antecedente principal que sirvió para resolver el enigma fue la obra, que trata sobre muchos aspectos de la cultura maya, llamada *Relación de las cosas de Yucatán*, escrita en el siglo XVI por Diego de Landa, primer obispo de Yucatán. La escribió para que los miembros de su orden, la franciscana, tuvieran conocimientos básicos del lugar que evangelizarían. En este libro se incluye una lista de algunos de los signos alfabéticos (o silábicos) que empleaban y de los jeroglíficos que simbolizaban los meses y los días, elaborada con ayuda de informantes.

En 1945, en Berlín, al finalizar la Segunda Guerra Mundial, un ejemplar de la edición de 1863 de este libro, preparada por el abate francés Carlos Esteban Brasseur de Bourbourg, cayó en poder del ruso Yuri Valentinovich Knorosov, que entonces contaba con solo 23 años. Fue un hallazgo feliz.

Con ayuda de este libro, de copias de los únicos cuatro códices mayas que sobrevivieron a la destrucción de éstos por los españoles (Dresde, Madrid, París y Grolier) y de sus estudios etnológicos, arqueológicos y lingüísticos —conocía el árabe, el sánscrito, el chino y el japonés y los jeroglíficos egipcios—, y sin poner un pie en América, logró descifrar buena parte de la escritura, lo que no habían podido hacer muchos antes que él. Incluso, algunos habían dicho que era un problema irresoluble.

El ruso sostenía que "cualquier sistema de escritura producido por el hombre puede ser leído por el hombre".

Sus primeros resultados los publicó en la revista *Etnografía Soviética* en 1952, causando gran polémica, aunque poco a poco sus análisis fueron aceptados y complementados con los estudios de otros investigadores.

La escritura resultó ser básicamente de tipo fonética-silábica, empleándose 355 signos y poco más de mil grafemas. Se considera que es igual o más compleja que los jeroglíficos egipcios. Se lee de izquierda a derecha y de arriba abajo.

Knorosov murió en San Petesburgo, Rusia, el 30 de marzo de 1999, después de dedicar 40 años al estudio de los mayas, el único pueblo en América que desarrolló un sistema de escritura completo.

Un libro piedra

Se considera que los sumerios, que vivían en Mesopotamia (hoy sur de Irak), fueron el primer pueblo que desarrolló una forma de escritura, la cuneiforme, hace unos 5 000 años, aunque algunos estudiosos afirman que existen inscripciones chinas más antiguas.

La primera escritura conocida en América es la contenida en la llamada piedra de Cascajal. Este bloque fue hallado apenas en 1999, en la cantera de Cascajal, en el municipio de Jáltipan, al sur del estado de Veracruz, por unos trabajadores que extraían grava para pavimentar una carretera.

Es un trozo de serpentina —piedra verdosa semipreciosa de gran dureza— que mide 36 centímetros de alto, 21 de ancho y 13 de espesor. Pesa casi 12 kilogramos y la antigüedad de sus inscripciones fue estimada en 2 900 años.

Es de la cultura olmeca, considerada madre de las culturas mesoamericanas, y contiene un total de 62 grabados simbólicos con patrones de secuencia y distribuidos en siete franjas horizontales. Corresponden a 28 glifos diferentes, algunos de los cuales se repiten hasta cuatro veces. Fue tallada sólo por un lado y se aprecia que fue reutilizada, pues se observan restos de otros diseños, semiborrados.

Los glifos representan principalmente formas vegetales, como maíz germinado y piñas, insectos, pieles extendidas, ollas, hachas, atados y tronos.

Lo que dice en sí el "texto" no ha sido descifrado, pero se cree que se trata de un inventario o de una lista de tributos.

Libro perdido

La primera imprenta que hubo en México la estableció el italiano Giovanni Paoli, o Juan Pablos, castellanizado, en el Centro de la ciudad de México, pocos años después de la Conquista.

Se dice, por testimonio de los cronistas Dávila Padilla, Alonso Fernández y González Dávila, que el primer libro impreso en Nueva España y en América fue la *Escala espiritual para llegar al Cielo* de San Juan Clímaco, traducida del latín al español por Fray Juan de Estrada de la Magdalena y hecho en la imprenta de Juan Pablos entre 1536 y 1539.

El tema obviamente es religioso, como el de casi todos los libros que se producían en la época, y describe treinta escalones por donde pueden subir los hombres a la cumbre de la perfección.

Lo curioso del caso es que no se conserva ningún ejemplar y muchas personas consideran que es una broma literaria y que en realidad el primer libro impreso fue la *Breve y más compendiosa doctrina cristiana*, del que existen algunas páginas.

Contaba el literato, historiador, lingüista, diplomático, entre otras cosas, José Luis Martínez, como anécdota, que cuando era estudiante de secundaria en Guadalajara escuchó de algún maestro de literatura que un señor de iglesia había escrito que la *Escala espiritual* había sido el primer libro impreso en México en el siglo XVI, pero que no se conocía ningún ejemplar. Así pues, cuando les preguntaba a los estudiantes aficionados sobre los libros que habían comprado, ellos contestaban: "Bueno, un ejemplar de la *Escala espiritual* y algún lomo verde de los de Vasconcelos".

Sin embargo, todo es posible y quizá aparezca algún día este libro, si es que existió.

Enciclopedias

La palabra *enciclopedia* viene del griego ἐν, "en"; κύκλος, "círculo"; y παιδεία, "instrucción", y significa "círculo de aprendizaje".

A lo largo de los siglos se han producido unas 2 000 enciclopedias notables en el mundo, con el fin de sistematizar el conocimiento. La primera la hizo probablemente un sobrino de Platón.

La más grande ha sido la Yu-Hai, de China, editada en 1738, con 240 volúmenes. La más lírica es quizás la francesa del año 1245, escrita en versos octosilábicos. La más afamada es la Britannica, cuya primera edición se hizo en Escocia, en 1768, y ya va en la décimo quinta.

En México se han hecho algunas importantes.

Entre 1853 y 1856 se publicó en la ciudad de México el *Diccionario universal de historia y de geografía*, que constó de siete tomos, más otros tres de apéndice. Se basó en la publicación del mismo nombre impresa en Madrid entre 1846 y 1848, pero muchos de los artículos fueron sustituidos y se agregó información sobre América en general y de México en particular. Participaron en la elaboración de esta obra principalmente 39 grandes hombres de letras, entre ellos, Lucas Alamán, Joaquín García Icazbalceta, José María Lafragua, Miguel Lerdo de Tejada, Manuel Payno, Guillermo Prieto, Justo Sierra y, muy especialmente, Manuel Orozco y Berra. La publicación se hizo a lo largo del proyecto, por entregas, generalmente semanales, que constaban de diez a doce páginas.

Por otro lado, en 1875 se empezó a publicar el *Diccionario geográfico, estadístico, histórico, biográfico, de industria y de comercio de la República Mexicana*, obra que quedó trunca, en la letra *c*.

Antonio García Cubas publicó, en pleno porfiriato (1888-1891), el *Diccionario geográfico, histórico y biográfico de los Estados Unidos Mexicanos*, con datos del *Diccionario universal*, complementados con información más actual. Francisco Sosa redactó la mayor parte de las biografías.

En el siglo XX, se editaron varias obras enciclopédicas, siendo el *Diccionario Porrúa de historia, biografía y geografía de México* una de las más conocidas. Fue iniciado por Ángel María Garibay Kintana; la primera edición salió en 1964 y la sexta en 1995.

Otra notable es la *Enciclopedia de México*, empezada por Gutierre Tibón y terminada por José Rogelio Álvarez, con tres ediciones, la primera de 1977 y la tercera de 1996.

En esta era de Internet, con Wikipedia, ya no tienen tanta demanda las enciclopedias en papel. Por ejemplo, los ingresos por Internet, CD-Rom y DVD de la Britannica ya representan más de la mitad de las ventas totales de ésta. Sin embargo, siempre habrá un lugar para la letra impresa, el olor de la tinta y la textura del papel.

Apellidos

Los apellidos de origen hispano predominan en el país. Si se consideran las guías telefónicas de las ciudades de México, Guadalajara y Monterrey —las tres más grandes—, los apellidos más frecuentes son los siguientes, en orden de mayor a menor frecuencia:

- Hernández
- García
- Martínez
- González
- Rodríguez
- López
- Sánchez
- Pérez
- Ramírez
- Flores

Estos diez apellidos representan poco más de 20% del total. Hernández, por sí solo, 3%. La mayoría son patronímicos —derivados del nombre del padre— y de ahí su terminación en -ez.

El apellido García, a pesar de su recurrencia, no tiene una etimología clara, aunque se sabe que es de origen prerromano, probablemente ibérico o vascuence. Inicialmente se empleó como nombre y después como apellido.

A nivel local llega a haber diferencias en cuanto a frecuencia. Por ejemplo, en Guadalajara el más empleado es González y en Monterrey lo es Martínez. En esta última ciudad, el apellido Garza está en sexto lugar; por cada Garza en la ciudad de México hay más de diez en esa población.

Como cosa curiosa, hay lugares en el mundo, como Islandia, Java y el Tíbet, donde casi no utilizan los apellidos, y en Portugal y Brasil se pone primero el materno y después el paterno.

Ortografía de los apellidos

Hay muchos diccionarios de nombres comunes en español, pero muy pocos de apellidos, si se exceptúan los de heráldica.

Para aclarar o conocer la ortografía de alguno de ellos se tiene que consultar algún diccionario enciclopédico o biográfico. Esto no siempre es concluyente, porque hay apellidos similares que se escriben de manera diferente.

Para ayudar un poco a resolver esta situación, a continuación se presenta una lista de apellidos comunes que tienen variantes gráficas u ortografía difícil, tomados de la sección blanca del directorio telefónico de la ciudad de México. Se indican también los porcentajes aproximados en que aparecen en una y otra forma.

apellido	porcentaje	apellido	porcentaje
Alanís	80%	Alaniz	20%
Alba	60%	Alva	40%
Amescua	10%	Amezcua	90%
Baca	50%	Vaca	50%
Badillo	90%	Vadillo	10%
Carbajal	90%	Carvajal	10%
Carreón	80%	Carrión	20%

apellido	porcentaje	apellido	porcentaje
Cásares	10%	Cázares	90%
Cendejas	30%	Zendejas	70%
Centeno	60%	Zenteno	40%
Cepeda	10%	Zepeda	90%
Cerna	10%	Serna	90%
Córdoba	30%	Córdova	70%
Cortés	90%	Cortez	10%
Espinosa	60%	Espinoza	40%
Güitrón	10%	Hüitrón	90%
Holguín	10%	Olguín	90%
Horta	40%	Orta	60%
Ledesma	60%	Ledezma	40%
Oceguera	30%	Oseguera	70%
Quesada	10%	Quezada	90%
Saldívar	50%	Zaldívar	50%
Sanabria	80%	Zanabria	20%
Santa María	10%	Santamaría	90%
Tamés	40%	Tamez	60%
Valdés	30%	Valdez	70%
Velasco	90%	Velazco	10%
Villareal	10%	Villarreal	90%

Apellidos autóctonos

En la época colonial, cuando un indígena era bautizado, escogía o le imponían un nombre y un apellido cristianos, haciendo a veces una castellanización de los originales o empleando el nombre del amo, en el caso de los criados. Estos cambios se hacían por facilidad lingüística y como una demostración del poder de los amos. A manera de ejemplo, el héroe tlaxcalteca Xicoténcatl, por voluntad de Cortés, fue bautizado con el nombre de Lorenzo de Vargas.

Por los cambios que hubo, pocas personas tienen apellidos autóctonos en México.

Sin embargo, sí existen. En el directorio telefónico de la ciudad de México hay más de 500 Moctezuma, del náhuatl "el señor enojado", metáfora del sol oculto por las nubes. Muchas de las personas con este apelativo tienen sangre del monarca tenochca y algunas de ellas viven en Europa.

Asimismo, hay más de cien Cuauhtli y sus variantes, Cuautli y Cuautle, que en el mismo idioma náhuatl quiere decir "águila".

Xicoténcatl y Xicohténcatl, un gentilicio náhuatl cuyo significado es "en la orilla donde hay abejorros", hay en cantidad casi similar al apellido anterior.

Existe también medio centenar de familias Teutli o Teutle, "polvo", en náhuatl.

Sin embargo, el número de personas con apellidos de origen indígena en la capital del país no llega a 1% del total.

En algunas otras ciudades son más frecuentes. Por ejemplo, en Mérida casi 20% de los apellidos son de origen maya. Nombres como Chan, Pech, Canul y May son frecuentes.

En la ciudad de Tlaxcala y sus alrededores hay también bastantes apellidos indígenas de origen náhuatl, como Cuapio, Zempoalteca, Texis y Cuamatzi. Debido a que los tlaxcaltecas apoyaron a los españoles, éstos les permitieron en muchos casos conservar sus apellidos.

Como alguien decía, los apellidos autóctonos conservan un agradable sabor nacional.

Por otro lado, un caso curioso es el del pintoresco poblado de calles empedradas y casas con techo a dos aguas a orillas del lago de Chapala, llamado Ajijic, palabra náhuatl con cuatro tildes seguidas y que significa "lugar en donde se vierte el agua". Esta población ha sido escogida por muchos ciudadanos estadounidenses y canadienses para retirarse, al grado de que 40% de los titulares de los teléfonos tienen apellidos extranjeros. Se considera que en este lugar hay la mayor concentración relativa de extranjeros de toda América Latina. Como comentario, México tiene la mayor cantidad de residentes estadounidenses fuera de su país en el mundo.

Nombres de personas

Hay quien dice que los niños reciben con su nombre el alma, que los nombres son destino —*nomen* es *omen,* en latín— o que el nombre de una persona es como su sombra.

Con el fin de tener una idea de qué nombres se utilizan más en la actualidad en la ciudad de México, se tomaron como muestra los 1 500 alumnos de una escuela mixta de clase media, instalada en el sur de la ciudad, con grados que van desde jardín de niños hasta preparatoria.

Los nombres más frecuentes fueron José para hombre, con 5% del total de nombres de origen hebreo y significa "multiplique Dios" y María para mujer, con 10% del total derivado del nombre hebreo, Miriam, que en una de sus muchas interpretaciones significa "estrella de mar".

En España y en otros países latinos, estos dos nombres son también los más usados. Se utilizan en honor de los padres de Jesucristo y su uso ha resistido el paso del tiempo.

Hay el doble de Marías que de Josés.

Después de José, se repiten en orden de frecuencia Carlos, Rodrigo, Enrique, Juan, Diego, Jorge, Pablo, Alberto y Andrés.

Después de María: Alejandra, Mariana, Ana, Fernanda, Andrea, Paulina, Sofía, Paola y Daniela. Guadalupe ocupa el lugar 40 entre los de mujer.

Se acostumbran un poco más los nombres múltiples entre los hombres, 1.42 por persona, que entre las mujeres, 1.38.

Los nombres con grafías ajenas al español aparecen más entre las mujeres. Por ejemplo, con la letra *k* están Karla, Karen y Érika, entre los 50 primeros más usados. Entre los nombres de varón no hay ninguno con esa letra entre los más empleados; aparentemente, los padres son más osados con los nombres de las mujeres que con los de los hombres.

Ochenta y cuatro por ciento de los nombres de pila de mujer terminan en *a*, contra 54% de los de varón que tienen como terminación la letra *o*.

Hipocorísticos

Los hipocorísticos —del griego ὑποκοριστικός, "acaricia-dor— son deformaciones de los nombres de personas que se usan como designaciones cariñosas o familiares. La mayoría son de dos sílabas.

A continuación se da una lista de algunos de los más empleados en México, sin incluir formas truncadas —apócopes o aféresis—, como Fede por Federico, Nando por Fernando o Lupe por Guadalupe, ni diminutivos, ni casos en los que se les agrega al final *-on* o *-y*.

De hombre

- **Beto:** Alberto, Adalberto, Astroberto, Cutberto, Dagoberto, Filiberto, Gilberto, Roberto y muchos otros termina-dos en *-berto*
- **Coque:** Jorge
- **Cuco:** Refugio
- **Curro:** Francisco
- **Chalo:** Gonzalo
- **Chano:** Luciano
- **Chava:** Salvador
- **Checo:** Sergio

- **Chema:** José María
- **Chencho:** Crescencio, Inocencio
- **Chente:** Vicente
- **Chepe:** José
- **Cheto:** Aniceto
- **Chon:** Ascensión, Asunción, Concepción
- **Chucho:** Jesús
- **Chuy:** Jesús
- **Fito:** Adolfo, Rodolfo
- **Goyo:** Gregorio
- **Guacho:** Joaquín
- **Güicho, Huicho:** Luis
- **Kiko, Quiko:** Francisco
- **Lalo:** Eduardo, Eulalio
- **Lencho:** Lorenzo
- **Lico:** Federico
- **Memo:** Guillermo
- **Moncho:** Ramón
- **Nacho:** Ignacio
- **Neto:** Ernesto
- **Poncho:** Alfonso
- **Quique:** Enrique
- **Tavo:** Octavio
- **Tito:** Alberto, Augusto, Evaristo, Jacinto, Modesto

De mujer

- **Catana:** Catalina
- **Catita:** Catalina
- **Cuca:** Refugio
- **Chabela:** Isabel
- **Chana:** Luciana
- **Charito:** Rosario
- **Chayo:** Rosario
- **Chela:** Graciela, Marcela
- **Chelo:** Consuelo
- **Chencha:** Crescencia, Inocencia
- **Chío:** Rocío
- **Chiva, Chivis:** Silvia
- **Chofi:** Sofía
- **Chole:** Soledad
- **Chona:** Ascensión, Asunción, Concepción
- **Chucha:** Jesusa, María de Jesús
- **Coco:** Socorro
- **Licha:** Alicia
- **Lola:** Dolores
- **Lencha:** Lorenza
- **Lucha:** Luz
- **Lulú:** Lourdes
- **Meche:** Mercedes

- **Mela:** Imelda
- **Mona:** Mónica
- **Nena:** Elena, Magdalena
- **Nene:** Inés
- **Nina:** Encarnación
- **Rorra:** Aurora
- **Toya:** Victoria
- **Pelancha:** Esperanza
- **Tita:** Carmen, Encarnación
- **Toña:** Antonia

Es curioso que muchos empiecen con *ch*.

Para terminar, se pudiera pensar en qué caso tiene ponerle un nombre a un hijo, para después cambiárselo.

Origen de Pepe

Se sabe que José es el nombre más usado en México, en España y en otros países de habla castellana.

El hipocorístico Pepe no deriva directamente de José —que procede del hebreo Yosef—, sino del italiano Giuseppe. El Seppe se vuelve Peppe, Beppe, Geppe, con los diminutivos Peppino, Beppino y Geppeto, este último como el nombre del padre de Pinocho.

La versión, bastante difundida, de que el hipocorístico se originó porque San José era el padre putativo —abreviado: p. p.— de Jesucristo, es falsa. Esto, de acuerdo con Gutierre Tibón, autor del *Diccionario etimológicos comparado de nombres propios* y del *Diccionario etimológico comparado de los apellidos españoles, hispanoamericanos y filipinos,* y de muchos otros libros.

Toponimia mexicana

En México aparecen unas 95 000 poblaciones en los directorios telefónicos. Algunas conservan su nombre indígena; otras, el de la época virreinal; y muchas, sobre todo las más nuevas, tienen la denominación que les fue dada en el México independiente.

Es curioso el caso de San Cristóbal Ecatepec de Morelos, en el Estado de México. El nombre indígena era Ecatepec, "en la montaña del viento"; está acompañado del santo patrono, San Cristóbal, antepuesto al nombre prehispánico, como se acostumbraba en la Colonia. Más tarde se le añadió el "de Morelos" para recordar que en ese lugar fue ejecutado este héroe en el tiempo de la revolución de Independencia, con lo que la población tiene tres nombres de diferentes orígenes.

Hay muchos otros casos curiosos.

Por ejemplo: Agua Caliente y Aguascalientes, Agua Fría, Agua Azul, Agua Blanca, Agua Verde, Agua Buena, Agua Dulce, Agua Gorda, Agua Nueva, Agua Prieta, Agua Bendita e, incluso, Sin Agua.

Existen Amarillo, Azul, Blanco, Negro y Verde, pero no Rojo.

Hay Rosa Amarilla, Blanca, Morada.

Asimismo, están Casas Caídas, Coloradas, Grandes, Nuevas, Viejas.

Con respecto a nombres de países, hay Brasil, China, Colombia, Costa Rica, Cuba, España, Estados Unidos, Francia (Nueva), Holanda, Italia (Nueva), Perú, Las Rusias. Incluso, hay un ejido llamado México.

Por otro lado, entre cosas valiosas, hay Diamante, Esmeralda, Rubí, Oro, Perla, Joya y Tesoro, entre otras.

Existen muchos con nombres de frutas o frutos: Aguacate, Cacao, Chirimoya, Durazno, Higo, Lima, Limón, Mamey, Naranja, Plátano, Sandía, Tejocote, Zapote, etcétera.

Entre el gran número que tienen el nombre de algún árbol: Ceiba, Fresno, Guayabo, Higuera, Hule, Laurel, Manzano, Naranjo, Nogal, Olivo, Palma, Papayo, Pino, Sabino, Zapote. Hay también arbustos, que son árboles sin tronco, como Espino, Huisache y Mezquite.

Con nombres de animales están Búfalo, Conejo, Cuervo, Faisán, Gallo, Golondrina, Grullo, Guajolota, Jabalí, León, Lobo, Mirlo, Murciélago, Oso, Perico, Tecolote, Tigre, Toro, Tortuga, Tuza, Venado, Víbora, Zopilote. Inclusive hay La Águila.

Entre las que se relacionan con la religión tenemos Nombre de Dios, Dios Padre, Espíritu Santo, Virgen, Ángeles, Iglesia, Santuario, Misa, Fraile, Monjas, Obispo, Gloria, Fe, Esperanza, Caridad, Pentecostés, Milagro, Estrella de Belén, Natividad, Noche Buena, Jerusalén. Hay dos Infiernillos y diecisiete Paraísos.

Muchas nomenclaturas proceden de accidentes geográficos: Barranca, Bosque, Cañada, Cantera, Cerrito, Manantial, Pedregal, Valle. Hay Cerro Azul, Blanco, Cabezón, Colorado, Dulce, Gordo, Pelón, Prieto, Quemado y Verde.

Hay también Río Bravo, Chiquito, Colorado, Escondido, Florido, Frío, Grande, Hondo, Manso, Muerto, Negro, Nube, Nuevo, Salado, Seco, Tinto, Verde, Viejo.

Entre las poblaciones cuyo nombre es un número están 3, 5, 6 y 7.

Otras denominaciones recuerdan algo glorioso o histórico: Escuadrón 201, Escudo Nacional, Bandera, Héroes de Chapultepec, Héroes de la Independencia, Héroes del 5 de Mayo, Héroes del 47 y Héroes Mexicanos.

Hay ausencias notables. A manera de ejemplo, ninguna lleva el nombre de Antonio López de Santa Anna. En cambio, hay diecisiete poblaciones con el nombre de Francisco Villa, al menos una denominada Pancho Villa y una llamada Doroteo Arango.

Un caso curioso es el de una población cercana a Pachuca, en el estado de Hidalgo, llamada San Lunes. Se le puso ese nombre por extensión del de un negocio llamado así, que vendía bebidas alcohólicas a los mineros de la zona.

Existen algunos con denominaciones a cual más de extrañas, cuyo origen intriga: Bobo, Caja, Campana, Chicharrona, El Chino de los López, Eureka, Fuente Misteriosa, Garabato, Gatas Mochas, Gatos Güeros, Guardados de Abajo, Guardados de Arriba, Jaula, Lira, Máquina, Maroma, Picardías, Presumida, Rizo de Oro, Tres Gotas de Agua.

El nombre de Mi Patria es Primero, que llevan varias localidades, recuerda la frase que dijo Vicente Guerrero cuando su padre le pidió que abandonara la lucha por la independencia, ofreciéndole riqueza y honores a nombre del virrey: "Yo siempre lo he respetado, pero mi patria es primero".

La *w* es una letra ajena a nuestro idioma y se usa principalmente para palabras procedentes de otras lenguas. Hay dos poblaciones en el país cuyo nombre empieza con *w*. Una de ellas es walamo, que tiene unos 5 000 habitantes y se encuentra a 25 kilómetros al sureste de Mazatlán, a orillas del río Presidio, donde hay un balneario. El origen de la palabra es el de una cierta clase de árbol, en lengua indígena.

La otra es Wadley, en el norte del estado de San Luis Potosí, que fue fundada alrededor de 1919 por una compañía minera estadounidense, cuyo dueño tenía ese apellido, y donde hay una estación de ferrocarril. La población rebasa ligeramente los mil habitantes.

Toponimia hispánica

Algunas ciudades del país conservan el nombre que le pusieron los españoles en recuerdo o en honor de una población homónima en España. Constituyen ciudades hermanas —o hijas— de las de la Madre Patria.

Es el caso de Durango, fundada en 1563 por Francisco de Ibarra, que le denominó así por el lugar de origen de una rama de linaje de los De Ibarra, en la región vascongada. Sin embargo, el topónimo de la ciudad española no es de origen vasco, sino que probablemente viene del latín Duranicu, "propiedad o hacienda de Duranius".

En cuanto a Guadalajara, la fundó el conquistador Nuño de Guzmán en 1542, y la bautizaron con ese sonoro nombre por el lugar de donde era originario. Viene del árabe *wad –al– hayara*, "río de las piedras".

En el año de 1576 se fundó la población de León, de donde era originario el entonces virrey Martín Enríquez de Almanza. El nombre se remonta al latín *legione*, "legión", por haber sido el lugar de acantonamiento de un ejército romano.

Mérida fue fundada en 1542 por Francisco de Montejo y León sobre lo que quedaba del pueblo maya T-Ho. Sus ruinas hicieron recordar a los españoles las antiguas construcciones romanas de Mérida, en España, por lo que se le denominó así. El nombre viene de *emeri-*

ta, "méritos", por los que tuvieron sus fundadores durante su largo servicio a Roma y que se retiraron a vivir ahí.

Un caso curioso es el de la ciudad de Laredo, que fue establecida en el banco norte del Río Bravo, en lo que ahora es Texas, por el capitán Tomás Tadeo Sánchez de la Barrera, en 1755. El nombre se debe a un pueblo en Santander, en la costa norte de España. Cuando pasó a formar parte de Estados Unidos, un grupo de residentes no estuvo de acuerdo, así que cruzó el río en 1848 y estableció Nuevo Laredo. El nombre original en latín, *glaretu*, significa "construido sobre guijarros".

A Reynosa, en 1749, el coronel José de Escandón y Helguera le puso así en honor del lugar de nacimiento, en la provincia de Santander, del Conde de Revillagigedo y Virrey de la Nueva España, Francisco de Güemez y Horcacitas. En España escriben Reinosa, y viene de una deformación de *ranosa*, "lugar abundante en ranas".

Salamanca era originalmente una población otomí llamada Xidoo, "lugar de tepetates". Nicolás de San Luis Montañez se apoderó de la aldea y la llamó San Juan Bautista Xidoo. Se le dio el nombre de Villa de Salamanca en 1603, para honrar al virrey Gaspar Zúñiga y Acevedo, quien era originario de esa ciudad española. Procede de *salus*, "mar agitada", y *mant*, probablemente del nombre de una antigua divinidad.

Valladolid fue fundada en 1543 por Francisco de Montejo, sobrino del conquistador de Yucatán, en un lugar llamado Chonac, y en 1545 fue trasladada al poblado de Zací. Se le puso ese nombre por la capital de España en esa época. El étimo de la ciudad castellana es *wali*, "gobernador" en árabe, y el apellido Olid, es decir, "territorio gobernado por Olid".

En 1540, Zamora se llamó así porque casi todos sus primeros pobladores españoles eran oriundos de esa ciudad castellana. El original viene posiblemente de *zumura*, "esmeralda" en árabe, por el color verde de sus campos.

La mayoría de las poblaciones mencionadas en España están en la parte norte de la península, de donde procedía gran parte de los españoles que vinieron a México.

Hay otras poblaciones en que el nombre se le puso por el apellido o el título de una persona notable, sobre todo un virrey, y no por la localidad ibérica.

Así ocurre con Altamira, Apodaca, Córdoba, Cortázar, Lerma, Linares, Salvatierra, y también con Alburquerque, en lo que ahora es Nuevo México.

Nombres de calles

En la zona metropolitana de la ciudad de México hay casi 6 000 colonias. En los nombres de las más de 80 000 calles que existen en éstas, hay muchas cosas curiosas a la vuelta de la esquina.

Para pesadilla de los carteros, Juárez se repite 841 veces e Hidalgo 771. El nombre de Morelos sólo se utiliza en 727 casos. Se podría decir que los nombres son el resultado de la votación de la popularidad de los personajes.

Hay siete arterias denominadas "sin nombre". Se da el caso de una cerrada de Zutano, pero no existe ninguna calle Fulano o Perengano. Zutano fue el seudónimo del periodista Javier Enciso.

Existen Salsipuedes, El Último Paseo —que se acaba en un panteón—, el Callejón del Trancazo y La Amargura.

Hay Casa Amarilla y Casa Blanca, así como Cruz Azul, Cruz Blanca y Cruz Verde, pero causa extrañeza que no haya ninguna Cruz Roja. Pululan las rosas de muy diversos colores: amarilla, blanca, carmesí, esmeralda, negra, roja, verde y violeta. Asimismo, hay Rosas, De la Rosa y De las Rosas. También hay muchas Amapolas, Azucenas y Bugambilias.

Hay casos surrealistas: Beethoven se encuentra con Bach, los Himalayas atraviesan los Alpes, Río Volga hace esquina con el Nilo y la calle de la Comprensión termina en el Silencio. Stalin y Trotski están cerca. Revolución y Patriotismo van en sentido contrario. La Avenida del Trabajo es prolongada. 16 de Diciembre sigue al 6 de Enero. Hay Coronel y hay General Porfirio Díaz.

Existen calles Príncipe, Princesa, Encantada y Sapo. Se encuentran arterias con los nombres de Júpiter, Zeus, Quetzalcóatl, Tláloc, pero no hay ninguna llamada Dios, aunque sí hay calles denominadas Niño Jesús y un Callejón del Diablo.

El lago Gascasónica no existe, a pesar de que una calle lleva esa denominación. Se le puso así en honor del general Celestino Gasca —quien fuera regente del Distrito Federal— y de su hija Sonia, al terminársele a la persona encargada de la nomenclatura de las calles de la colonia Anáhuac los nombres de lagos importantes.

En algunos casos, el origen del nombre se ha perdido en el tiempo, como el de la calle de López, en el Centro —¿de qué Lopez se trata?—, a pesar de los intentos de muchos estudiosos —como Artemio de Valle-Arizpe— para esclarecerlo. A Niño Perdido —que ahora lleva el nada poético nombre de Eje Central Lázaro Cárdenas— se le puso así porque en el siglo XVII, durante el incendio de una casa que estaba ahí, se perdió o fue robado un niño, que después fue localizado. En agradecimiento, la madre mandó poner un nicho con una pintura que representaba a Jesús, niño perdido entre los Doctores, y terminó por llamarse en esta forma a la avenida.

En la colonia denominada Ciudad Alegre —en Chimalhuacán, cerca de Ciudad Nezahualcóyotl— las calles tienen nombres de marcas de licores: Añejo de Bacardí, Azteca de Oro, Bobadilla 103, Cheverny, Don Pedro, Viejo Vergel.

En la colonia Reforma Política, al sur de Santa Cruz Meyehualco, hay muchas reformas: Reforma Administrativa, Reforma Aduanal, Reforma Aérea, Reforma Aeronáutica, Reforma Agraria, etcétera, etcétera... Algunas auténticas y otras inventadas.

Las calles de una de las colonias Benito Juárez, en Nezahualcóyotl, tienen nombres de canciones mexicanas, como La Cucaracha, Monedita de Oro, Paloma Negra, Siete Leguas. Las de las colonias Novela Mexicana I y II, en Ecatepec, obviamente, de novelas: Navidad en las Montañas, Pedro Páramo, La Estrella Vacía, La Región más Transparente, entre otras.

En Lindavista, al norte de la capital, hay Buenavista, Chulavista, Lindavista, Sierravista y Montevideo.

En San Juan de Aragón existen Atracadero, Escollera, Espigón, Faro, Malecón, Rompeolas.

En la colonia Anáhuac se navega por lagos, lagunas, mares y golfos.

En pocas colonias, los nombres se asignaron en orden alfabético, para comodidad de los visitantes. En la colonia Miguel Hidalgo están Adriana, Aida, Alcestis, Arabella, Carmen, Don Carlo, que recuerdan óperas famosas y siguen una secuencia. Las colinas del fraccionamiento Boulevares también están ordenadas.

Hay variaciones para un mismo nombre: Cenzontle, Cenzontli y Zenzontle, aunque la Academia recomienda la primera. Existen Jalapa y Xalapa, así como Pakistán y Paquistán.

Un caso extremo es la colonia Vicente Villada, donde las calles tienen el nombre de otras colonias: Bondojito, Condesa, Lindavista, San Rafael, etcétera.

Curioso, ¿no? Todo esto ocurre en las arterias que conforman la vialidad de una de las ciudades más grandes del mundo.

Polanco, el desconocido

Polanco es el nombre genérico de un conjunto de nueve colonias, limitado por las calles de Mariano Escobedo, Ejército Nacional, el Anillo Periférico —o más propiamente, boulevard Manuel Ávila Camacho— y el Paseo de la Reforma, las que le dan una comunicación excelente con el resto de la ciudad.

En él existen casi 9 000 viviendas, habitadas por algo más de 33 000 personas, con un promedio de casi 4 habitantes por vivienda.

Sus residentes son personas de nivel educativo alto, ya que cerca de 40% de los adultos tienen instrucción superior. Sus ingresos son de los más elevados de la ciudad y del país. Poco más de la quinta parte pertenece a la comunidad judía y también viven allí muchas personas de origen libanés o español.

La zona se empezó a urbanizar con el fraccionamiento Chapultepec-Polanco, entre 1937 y 1938, por los señores José G. de la Lama y Raúl A. Basurto, quienes habían promovido antes la colonia Hipódromo Condesa. En las décadas de los años cuarenta y cincuenta se urbanizaron las demás colonias que hoy conforman Polanco.

Las grandes mansiones originales, muchas de ellas de mal llamado estilo *colonial californiano* (en rigor es neocolonial) o estilo Art-Déco, están siendo sustituidas poco a poco por elevados y lujosos edificios habitacionales y de oficinas, por centros comerciales y por grandes hoteles, diseñados por los mejores arquitectos del país y por algunos del extranjero.

El alto nivel económico de la zona ha propiciado que en sus principales avenidas, sobre todo en Presidente Masaryk y en Campos Elíseos, y en sus centros comerciales se instalen comercios y servicios de gran lujo, iguales a los de las grandes ciudades de Estados Unidos y de Europa.

Así, hay tiendas de Burberry, Bvlgari, Cartier, Chanel, Coach, Emporio Armani, Ermenegildo Zegna, Fendi, Frattinia, Gucci, Hermès, Hugo Boss, Lacoste, Loewe, Louis Vuitton, Max Mara, Montblanc, Omega, Pal Zileri, Polo, Ralph Lauren, Roberto Cavalli, Salvatore Ferragamo, Tiffany & Co., Tommy Hilfiger, Tous, Valentino y Versace, entre otras.

También hay agencias de coches de marcas de gran lujo, como Bentley, BMW, Ferrari, Hummer, Maseratti, Mercedes Benz.

Están los destacados restaurantes Alfredo di Roma, Au Pied de Cochon, La Hacienda de los Morales, Le Círque, Palm y Sir Winston Churchill's.

Los principales hoteles en la zona son el J. W. Marriot, el Nikko, el Presidente Intercontinental y el W; todos en la misma calle, y son de los más lujosos de la capital, teniendo en conjunto casi 2 000 habitaciones.

Cerca de la cuarta parte de las galerías de arte de la ciudad y 40% de las embajadas están aquí.

A pesar de la importancia de esta área, de avenidas anchas y arboladas, parques con espejos de agua y muchas esculturas, no se conoce el origen del sustantivo Polanco. La Comisión de Nomenclatura del Distrito Federal no tiene información y el libro *Quién es quién en la nomenclatura de la Ciudad de México* no registra ningún dato.

En un plano antiguo (1784) aparece una parte de lo que fue La Hacienda de los Morales, con la denominación Casa Arruinada de Polanco. En otras fuentes, es el nombre del río —también llamado Los Morales— que es ahora la avenida Campos Elíseos.

En España hay un pequeño municipio en la Cantabria con esa denominación, de donde pudiera proceder el nombre. La palabra deriva de Puebla, que viene a su vez del latín *populos*, "pueblo o poblar".

Otra posibilidad es que se le haya puesto así en honor de Juan Alfonso Polanco, quien fuera secretario de San Ignacio de Loyola.

Por otro lado, hubo unos hermanos Polanco, pintores españoles del siglo XVII y discípulos de Francisco Zurbarán.

El apellido Polanco es relativamente usual; hay 184 personas registradas en el último directorio telefónico de la ciudad de México que lo portan.

El hecho es que no se sabe la procedencia del nombre de esa importante zona.

Algunas marcas mexicanas

El origen de las marcas mexicanas es prácticamente ignorado. En muchos casos son vocablos o términos inventados.

A continuación se presenta una breve historia de las marcas de una muestra de productos afamados.

Corona es una marca del Grupo Modelo que sugiere prestigio y calidad. De hecho, se ha empleado el *slogan* de "la cerveza más fina". En la etiqueta impresa en las botellas, dos gárgolas protegen la corona o la marca. Se empezó a usar en 1925, y actualmente el producto se exporta a 140 países en los cinco continentes.

En 1795, el corregidor de la Nueva España, en nombre de su Majestad el Rey, le otorgó a don José Cuervo autorización para producir "vino tequila"; éste utilizó su apellido como marca. Es uno de los pocos casos en el Continente Americano de una marca con más de dos siglos de antigüedad.

Uno de los nombres comerciales más reconocidos en México es sin duda Bimbo. Se creó en 1945, cuando se buscaba un nombre fácil de recordar y que tuviera una sonoridad agradable. En aquel entonces estaba de moda la película *Bambi* y el juego de mesa bingo; de la combinación se obtuvo Bimbo. El osito, que es parte importante de la imagen de los productos, surgió de una tarjeta navideña que tenía la figura de un osito leñador de peluche y, después de algunas modificaciones, como agregarle un gorro y un delantal, quedó el osito panadero que hoy conocemos y que ha tenido cambios menores en su aspecto a lo largo del tiempo.

Del mismo grupo es la denominación Marinela, registrada en 1956, la cual es una derivación del nombre de la hija de uno de los fundadores, María Elena.

La marca de pinturas Comex tiene 50% del mercado nacional y el nombre fue inventado en 1943, con las primeras letras de dos de las palabras que integran la razón social de la empresa que las produce: Comercial Mexicana de Pinturas.

Se creó la marca Herdez de artículos de tocador y productos alimenticios en 1919; es una contracción de hermanos Fernández, fundadores de la empresa Compañía Comercial Herdez, la que posteriormente fue adquirida por Ignacio Hernández del Castillo, a quien el nombre le cayó como anillo al dedo.

En 1950 surgió, de la unión de un grupo de ganaderos, la empresa La Pasteurizadora Laguna, en la comarca lagunera. La marca Lala se formó tomando las primeras sílabas de La Laguna. En la actualidad, el Grupo Lala es el consorcio lechero más grande de México.

Los adhesivos Resistol se empezaron a fabricar en Mérida en 1949. El nombre es una castellanización y unión de las palabras en inglés *resist all,* "resiste todo". Éste es el curioso caso de una marca que se volvió un nombre genérico para un artículo; muchas personas piden un "resistol" marca Pritt, por ejemplo.

El nombre de la marca de impermeabilizantes Fester tiene su origen en la combinación de los apellidos de sus fundadores: Ferry y Stern.

Fud, la marca más vendida de carnes frías, procede de las iniciales de las palabras *fino*, *único* y *delicioso*.

La marca Mac'Ma surgió en 1946, cuando el señor Ramón Marimón se asoció con los señores Capella y Maesoy para fabricar galletas. Con las primeras letras de los apellidos se formó el nombre comercial.

La mexicanísima denominación de hojuelas de maíz Maizoro procede de *maíz de oro*. Se empezaron a producir en 1933.

En 1946, los señores Egon Mabardi y Francisco Berrondo unen las dos primeras sílabas de sus apellidos y dan origen a la palabra Mabe, empleada para denominar enseres domésticos.

La marca de calcetines Cibolain procede de la razón social Cía. Bonetera La India.

Creada en 1922, la fábrica de grasas para calzado El Oso, las más vendidas en el país, debe su nombre y el de sus productos al primer oso polar que llegó al Zoológico de Chapultepec de la ciudad de México, que causó una gran impresión de niño a su fundador, Prisciliano Pérez Buenrostro. Durante mucho tiempo, la gente creyó que el producto estaba hecho con grasa de oso.

Bachoco, en lengua yaqui, quiere decir "por donde pasa el agua", y es la marca de pollo y huevo más vendida en el país. Su inicio fue en Ciudad Obregón, Sonora, en 1952.

La empresa y los productos Chocolates La Corona deben su nombre a que, por 1947, los fundadores de la empresa, la familia Villaseñor, recibieron unos moldes para chocolate con esa forma, como pago de un adeudo, iniciando la fabricación de manera artesanal.

La historia de la marca Coronado se remonta al año de 1927, cuando en la Hacienda Coronado, situada en el altiplano potosino, un grupo de personas empezó la elaboración de cajeta a partir de una receta familiar.

Fue en el año de 1950 cuando Mauricio O. Amsier, suizo por nacimiento y con muchos años de vivir en México, se asoció con varios mexicanos y con un grupo industrial suizo para fundar Helvex, cuyo nombre se forma al fusionar las palabras Helvetia, que significa Suiza, y México. Por otro lado, la marca de su competidor, Cal-o-Rex, viene de "rey del calor".

Respecto al origen de la marca de botanas Mafer, es una contracción del nombre del fundador de la empresa que empezó a fabricarlos, Mario Fernández.

Slogans

En la publicidad mexicana se han empleado muchos *slogans,* o más propiamente, eslóganes o lemas memorables:

- quién no conoce la frase publicitaria, breve y contundente, "¡Recuérdame!" (1985), del Gansito Marinela.
- también es recordable la expresión "A que no puedes comer sólo una", de Sabritas (1960).
- en refrescos, están, entre muchos, "La chispa de la vida", de Coca–Cola (1972), y "Es lo de hoy", de Pepsi (1989).
- en cervezas, "La cerveza mexicana de mayor venta en el mundo", de Corona (1989), y "La rubia de categoría", de Superior (1961).
- en bebidas, "Obviamente" (1985), de Presidente; "Sí combina" (1991), de Bacardí; y "Nuestro tequila" (1960), de Sauza.
- en cigarros, "Venga al sabor de Marlboro" (1967) y el de Raleigh: "Es… el cigarro" (1966).
- en automóviles, "Nacidos Ford, nacidos fuertes" (1996) y "Con Volkswagen, usted sabe lo que tiene" (1988).
- si hablamos de detergentes, el de "Siga los tres movimientos de Fab: remoje, exprima y tienda" (1952) es clásico.
- el de "Ahorre tiempo, dinero y esfuerzo… consulte la Sección Amarilla" (1960) también es memorable, así como el de "Yo, sin Kleenex, no puedo vivir" (1987).

- el de "Soy totalmente Palacio" (1996) causó y sigue causando gran impacto.
- sin embargo, el que para muchos es el mejor, por su ingenio y sencillez, es el de "Mejor mejora Mejoral" (1957).

Algunos nombres comerciales

El origen de nombres comerciales mexicanos es poco conocido en muchos casos.

A continuación se presenta el de algunos de las tiendas y de los restaurantes más afamados.

Al estarse construyendo la primera tienda departamental de la ciudad de México, de cinco pisos y con estructura de hierro, la gente comentaba que se estaba haciendo un "palacio de hierro". Al terminarse la construcción, en 1891, se aprovechó la corriente y se le puso oficialmente al comercio el nombre dado por el pueblo al edificio.

En 1903, el estadounidense Walter Sanborn fundó una farmacia en el número 6 de la calle de San Francisco, en la ciudad de México, llamada Sanborn American Pharmacy. Como una derivación de este negocio, en 1919 empezó a operar el primer restaurante Sanborns, en la Casa de los Azulejos, que se convirtió en lugar de reunión de políticos, periodistas, escritores, pintores y abogados.

La palabra *aurrerá* quiere decir "adelante" en vasco.

El nombre de Vips, siglas de *very important person*, fue el resultado de un concurso entre empleados de Aurrerá en 1964, para definir cómo llamar a los restaurantes que iban a poner.

El apelativo de las tiendas Soriana proviene de la provincia de Soria, en España, de donde era originario su iniciador, Pascual Borque.

La denominación de las tiendas Martí viene del apellido de su fundador, Domingo Martí Riera, nacido en Manresa, Barcelona.

La de los autoservicios Chedraui también es el apellido de su iniciador, Lázaro Chedraui Chaya, de origen libanés.

Famsa es abreviatura de la razón social Fabricantes Muebleros, S. A. de C. V. y Lumen viene de las primeras letras del nombre y del apellido de su fundador, Luis Méndez.

En cambio, la palabra *oxxo* no significa nada, fue inventada.

Cuando se inauguró la primera tienda Gigante, en Patriotismo y avenida Mixcoac, en la ciudad de México, en 1962, era el autoservicio más grande de América Latina. De ahí el nombre.

Lemas de periódicos

Muchos periódicos tienen un lema, que refleja generalmente su objetivo editorial o comercial, su cobertura o su antigüedad. Los de algunos de ellos:

- *a. b. c.* (Toluca): Pensamiento y acción de México
- *a. m.* (Guanajuato): El periódico de más circulación en Guanajuato
- *Crónica* (Campeche): Un periódico de vanguardia
- *Cuarto Poder* (Tuxtla Gutiérrez): Tu diario vivir
- *Diario de Morelos* (Cuernavaca): Al servicio de la comunidad
- *Diario de Yucatán* (Mérida): El periódico de la vida peninsular
- *Diario Olmeca* (Villahermosa): Innovación a diario
- *El Debate* (Culiacán): Sirviendo a la región, servimos a la patria
- *El Dictamen* (Veracruz): Decano de la prensa nacional (fue fundado en 1898)
- *El Imparcial* (Hermosillo): Diario independiente de Sonora
- *El Informador* (Guadalajara): Diario independiente
- *El Mañana* (Nuevo Laredo): La verdad sin fronteras
- *El Peninsular* (La Paz): La identidad de Sudcalifornia
- *El Porvenir* (Monterrey): Si lo leyó en *El Porvenir*, es cierto
- *El Siglo de Durango:* (Durango): Tradición y verdad

- *El Siglo de Torreón* (Torreón): Periódico regional defensor de la comunidad
- *El Sur* (Acapulco): Periódico de Guerrero
- *El Universal* (ciudad de México): El gran diario de México
- *Enfoque* (Tepic): Informativo nayarita
Excélsior (ciudad de México): El periódico de la vida nacional
- *Hidrocálido* (Aguascalientes): La verdad por delante
- *Imagen* (Zacatecas): El periódico de los zacatecanos
- *La Jornada* (ciudad de México): Cercanía y solidaridad ciudadana
- *La Opinión* (Puebla): Decano de la prensa poblana
- *Noticias* (Oaxaca): Voz e imagen de Oaxaca
- *Noticias* (Querétaro): La verdad cada mañana
- *Por Esto!* (Cancún): Dignidad, identidad y soberanía
- *Provincia* (Morelia): El diario grande de Michoacán
- *Pulso* (San Luis Potosí): Diario de San Luis
- *Reforma* (ciudad de México): Corazón de México
- *Síntesis* (Pachuca): El periódico de Hidalgo
- *Uno mas uno* (ciudad de México): Crítico y veraz
- *Zeta* (Tijuana): En Baja California, libre como el viento

Como se puede ver, muchos de los periódicos proclaman su veracidad o su independencia.

Seudónimos literarios

Seudónimo viene de ψευδώνυμος, "nombre falso". Existen muchas razones por las que escritores han usado estas máscaras: por modestia, por evitar represalias, para escribir en conjunto con otras personas, por no gustar del nombre original, para evitar que su nombre real figure varias veces en el mismo número de una revista, etcétera, etcétera.

Algunos de los más conocidos o ingeniosos, entre los de mexicanos:

seudónimo	nombre original
Benito Fernández	Fernando Benítez
Bruno Díaz	Carlos Monsiváis
Catón	Armando Fuentes Aguirre
Coral de México	Carlos Pellicer
Cristina Pacheco	Cristina Romo Hernández (el apellido Pacheco es el de su esposo)
Cronos	Salvador Novo
Dr. Atl	Gerardo Murillo
El Duque Job	Manuel Gutiérrez Nájera
El Gallo Pitagórico	Juan Bautista Morales

El Nigromante	Ignacio Ramírez
El Pensador Mexicano	José Joaquín Fernández de Lizardi
Fidel	Guillermo Prieto
Fósforo	Alfonso Reyes, en mancomún con Martín Luis Guzmán
Gabriel Díaz	Gabriel Zaid
Juan Rulfo	Juan Nepomuceno Carlos Pérez Vizcaíno
Micrós	Ángel del Campo
Néstor Heras	Andrés Henestrosa
Nikito Nipongo	Raúl Prieto
Rosa Espino	Vicente Riva Palacio
Severo Mirón	Julio Samuel Morales
Sor Juana Inés de la Cruz	Juana de Asbaje y Ramírez
Tristán	Ramón López Velarde

Algunos han utilizado varios. Un caso extremo fue el de Ireneo Paz, célebre liberal abuelo del poeta Octavio Paz, que empleó 292 diferentes.

Nombres verdaderos
de algunos artistas

sobrenombre o seudónimo	nombre
Al Coster	René Cardona III
Alberto Mariscal	Adalberto Ramírez Álvarez
Alma Rojo	Alma Richardi
Amparo Montes, la Voz Pasional	Amparo Meza Cruz
Ana Martín	Ana Martínez Solórzano
Andrea Palma	Guadalupe Bracho Gavilán
Anel	Alma Elena Noroña
Angélica María, también la Novia de México	Angélica Hartman Ortiz
Arriolita	Armando Arriola
Arturo de Córdova	Arturo García Rodríguez
Arturo Rosen	Arturo Ripstein
Bárbara Angely	Bárbara Müeller
Beto, el Boticario o el Magazo	Roberto Ramírez Garza
Bigotón	Arturo Castro
Black Shadow	Alejandro Cruz Ortiz
Borolas	Joaquín García Vargas
Cacama	Vicente Lara

Calambres	Roberto Cobo
Cantinflas	Mario Moreno Reyes
Capulina	Gaspar Enaine
Carlhillos	Carlos Bravo y Fernández
Carlos Cardán	Carlos López Figueroa
Carlos Lico, la Voz de Oro	Carlos José Reyes Hernández
Carmen Montejo	María Teresa Sánchez-Oyarzun González
César Costa	César Antero Roel Schreurs
Clavillazo	Antonio Espino y Mora
Cobitos	Arturo Cobo
Colocho	Mario Zebadúa
Condorito	Guillermo de Alvarado
Cuco Pelucho	Juan José Vidal García
Chachita	Evita Muñoz
Chaflán	Carlos López
Chaplin	Raúl Guerrero
Chatanuga	Pedro Weber
Chato Ortín	Leopoldo Ortín
Chato Padilla	Raúl Padilla
Che Reyes	Jorge Reyes
Chelelo	Eleazar García
Chespirito	Roberto Gómez Bolaños
Chino Herrera	Daniel Herrera
Chis Chas	Jesús González Leal

Chóforo	Raúl Padilla
Chula Prieto	María del Carmen Linda Mayo
Dino Maiuri	Arduino Maiuri
Dinorah Judith	Dinorah D'Orgaz
Dolores del Río	María de los Dolores Asúnsolo y López Negrete del Río
Don Cacahuate	Rafael Plaza Balboa
Don Catarino	Eusebio Torres Pirrín
Don Chicho	Ildefonso Sánchez Curiel
Don Cuco	Carlos Guarneros
Dr. I. Q.	Jorge Marrón
Duquesa Olga	Eva Limiñana
El Barítono de Argel	Emilio Tuero Cubillas
El Bigote que Canta	Bienvenido Granda
El Borras	Guillermo Rivas
El Caballero Audaz	José María Carretero
El Caballo	Alberto Rojas
El Charro Cantor	Jorge Negrete
El Chicote	Armando Soto La Marina
El Chiquilín	Gerardo Zepeda
El Comanche	Sergio Ramos
El Comediante de México	Sergio Corona
El Fotógrafo de la Voz	Tilín
El Gallo Giro	Luis Aguilar

El Gitano de México	Néstor Chayres
El Grillito Cantor	Francisco Gabilondo Soler
El Güero Castro o El Güero	Víctor Manuel Castro
El Ídolo de las Multitudes	Rigo Tovar
El Increíble Profesor Zovek	Francisco Javier Chapa del Bosque
El Loco Valdés	Manuel Valdés
El Men	Miguel Ángel Álvarez
El Músico Poeta de México	Agustín Lara
El Pichi	Freddy Fernández
El Pintor Musical de México	Pepe Guizar
El Príncipe de la Canción	José José
El Rey del Corrido	Francisco "Charro" Avitia
El Rey del Dengue	Manuel Valdez
El Ruiseñor Mexicano	Ángela Peralta
El Santo, el Enmascarado de Plata	Rodolfo Guzmán Huerta
El Sapo-Rana	Diego Rivera
El Soldado	Rafael Torres Heredia
El Tariácuri	Juan Mendoza
El Tenor Continental o el Samurai de la Canción	Pedro Vargas

El Tenor de la Voz de Seda	Juan Arvizu
Enrique Lucero	Abel Ascencio
Evita	Eva Luisa Aguirre
Fabricio y, después, Felipe Gil	Felipe Bojalil Garza
Federico Falcón	Federico del Castillo
Fernando Galiana	Fernando Cabanillas
Fernando Luján	Fernando Ciangherotti
Ferrusquilla	José Ángel Espinosa
Flaco Guzmán	Roberto Guzmán
Flaco Ibáñez	Manuel Ibáñez
Flor Silvestre	Guillermina Jiménez Chagoya
Frankenstein	Nathanael León
Fraustita	Dolores Camarillo
Frijolito	Jaime Jiménez Pons
Fu-Manchú	David T. Bamberg
Gandolín	Arturo Ávila
Gina Romand, la Rubia de Categoría	Georgina García Tamargo
Gioconda	María Margarita
Gregorio Casal	José de Jesús Casillas Rábago
Gui Gui	Lilia Martínez Solares
Güero Carrión	Ricardo Carrión

Guz Águila	Antonio Guzmán Aguilera
Harapos	Mario García Vargas
India María	María Elena Velasco
Indio Bedoya	Alfonso Bedoya
Indio Calles	Guillermo Calles
Indio Fernández	Emilio Fernández
Jorge Rivero	Jorge Pons Ribé
José José	José Sosa
José Walter	Luis Spota
Juan Ferrara	Juan Félix Gutiérrez Puerta
Juan Gabriel	Alberto Aguilera Valadez
Juan Miranda	Alfonso Torres
Julio Aldama	Augurio Aguado Turrubiates
Julissa	Julia Isabel de Llano Macedo
July Furlong	Magda Ginger
Karla	Nora Larraga
Keit Luger	Miguel Olivares
Kiki Herrera Calles	Natalia Herrera Calles
Kilómetro	Alfonso Jiménez
Kippy Casado	Ana Cecilia Martínez Casado Alicua
La Abuelita del Cine Mexicano	Sara García

La Chamaca de Oro	Sonia López
La Chaparrita de Oro	Dora María
La Cintura más Breve	Rossy Mendoza
La Dama del Buen Decir	Talina Fernández
La Diosa del Amor	Norma Lee
La Embajadora de la Canción Mexicana	María de Lourdes (Pérez López)
La Flaca	Eufrosina García
La Fufurufa	Margarita Narváez
La Gatita Blanca	María Conesa
La Pelangocha	Maribel Fernández
La Tariácuri	Amalia Mendoza
La Tigresa	Irma Serrano
La Yaqui	Lupe Mejía
Lalo el Mimo	Eduardo de la Peña
Leticia Palma	Zoyla Gloria Ruiz Moscoso
Lobo Negro	Guillermo Hernández
Lola Beltran, Lola la Grande	María Lucila Beltrán Ruiz
Lucha Reyes	María de la Luz Flores Aceves
Macaria	Delia Beatriz de la Cruz Delgado
Machuchal	Adalberto Rodríguez
Madaleno	Francisco Fuentes

Manolín	Manuel Palacios Sierra
Manolo Fábregas	Manuel Sánchez Navarro
Mantequilla	Fernando Soto
Manver	Manuel Vergara
María Félix, la Doña	María de los Ángeles Félix Güerena
María Victoria	María Victoria Cervantes Cervantes
Maricarmen González	Cristina Peñalver
Mario Marzac	Mario A. Zacarías
Mauricio Garcés	Mauricio Férez Yásbek
Mauricio Wall	Gregorio Walerstein
Meche Barba	Mercedes Barba Feito
Medelito	Miguel Ángel Lira
Miroslava	Miroslava Sternova Beka
Murciélago Velázquez	Jesús Velázquez
Niní Marshall (Catita)	Marina Esther Traverso
O. Jasón	Óscar J. Brooks
Paco Malgesto	Francisco Rubiales Calvo
Palillo	Jesús Martínez
Pancho Pantera	Ángel Rojano Jiménez
Panqué	Jorge Treviño
Panzón Panseco	Arturo Ernesto Manrique Elizondo

Pedro de Urdimales	Jesús Camacho Villaseñor
Pelón Solares	Alfredo Solares
Pepe Nava	José Francisco Elizondo Sagredo
Pepet	José Peña
Pichirilo	Federico Curiel de los Monteros
Pícoro	Antonio Padilla
Piporro	Eulalio González
Pitouto	Pedro Elviro
Polín	Carlos Marcos Aguilar
Polo Polo	Adalberto Leopoldo Peláez Benítez
Pompín	Alfonso Iglesias Soto
Poncianito	Ismael Pérez
Prieta Linda	Enriqueta Jiménez
Pulgarcito	Cesáreo Quezadas
Raquel Rojas	Janet Alcoriza
Raúl Astor	Raúl Ignacio Spangemberg Parera
Reina de la Opereta	Esperanza Iris
Régulo	Manuel Tamés
Reintegro	Enrique Quiroz King
Resortes	Adalberto Martínez

Rey del Mambo o Cara de Foca	Dámaso Pérez Prado
Rodolfo de Anda, X Randa	Enrique Rodolfo Anda Serrano
Rodolfo Landa	Rodolfo Echeverría Álvarez
Rosenda Montero	Rosa Méndez
S. Tomás Be	Sidney Thomas Bruckner
El Enano Santanón	Rafael Muñoz Aldrete
Serapio	Roberto Montufar
Sylvia Pasquel	Silvia Banquells Pinal
Tin Tan	Germán Valdés
Tío Plácido	Alejandro Reyna
Tongolele	Yolanda Montes
Toña la Negra	María Antonia del Carmen Peregrino Álvarez
Varelita	Alfredo Varela
Venus Rey	Venustiano Reyes López
Viruta	Marco Antonio Campos
Vitola	Famie Kauffman
Wally Barrón	Alfredo Barrón
Yuri	Yuridia Valenzuela Canseco
Zamorita	Jorge Zamora Montalvo
Zar de las Telenovelas	Ernesto Alonso

Protagonistas

El protagonista es el personaje principal que habita en una obra literaria, teatral o cinematográfica y, la mayoría de las veces, es el héroe. Llega a haber más de uno en la misma obra.

A continuación se presentan algunos de la literatura universal. A ver cuántas obras logra identificar a partir del nombre del protagonista.

personaje	*obra* (año), autor
Antonio y Shylock	*El mercader de Venecia* (1596), William Shakespeare
Capitán Ahab	*Moby Dick* (1851), Herman Melville
Guillermo de Baskerville	*El nombre de la rosa* (1982), Umberto Eco
Los Belkonski y los Rostov	*La guerra y la paz* (1864-1869), Leon Tolstoi
Leopold Bloum	*Ulises* (1922), James Joyce
Aureliano Buendía	*Cien años de soledad* (1967), Gabriel García Márquez

Philip Carey	*Servidumbre humana* (1915), William Somerset Maugham
Hans Castorp	*La montaña mágica* (1924), Thomas Mann
Los Compson	*El sonido y la furia* (1929) —y otras obras—, William Faulkner
Ugo Conti —Amadeo—	*Casi el paraíso* (1956), Luis Spota
Don Corleone	*El Padrino* (1972), Mario Puzo
Mr. Collins	*La rosa blanca* (1933), Bruno Traven
Edmundo Dantes	*El Conde de Montecristo* (1844), Alejandro Dumas
Alex DeLarge	*La naranja mecánica* (1962), Anthony Burgess
Fabrizio Del Dongo	*La cartuja de Parma* (1839), Stendhal
Blanche DuBois	*Un tranvía llamado deseo* (1947), Tennessee Williams
Auguste Dupin	*Los crímenes de la calle Morgue* (1841), Edgar Allan Poe
Geoffrey Firmin	*Bajo el volcán* (1947), Malcolm Lowry
Phileas Fogg	*La vuelta al mundo en ochenta días* (1873), Julio Verne

Victor Frankenstein	*Frankenstein o el moderno Prometeo* (1818), Mary W. Shelley
Jay Gatsby	*El gran Gastby* (1825), F. Scott Fitzgerald
Holly Golightly	*Desayuno en Tiffany's* (1958), Truman Capote
Marcos González "el Negro"	*Dos crímenes* (1979), Jorge Ibargüengoitia
Griffin	*El hombre invisible* (1897), H. G. Wells
Lemuel Gulliver	*Los viajes de Gulliver* (1726), Jonathan Swift
Harry Haller	*El lobo estepario* (1927), Hermann Hesse
Jim Hawkins	*La isla del tesoro* (1883), Robert Louis Stevenson
Humbert Humbert	*Lolita* (1955), Vladimir Nabokov
Tom Joad	*Las uvas de la ira* (1939), John Steinbeck
Robert Langdon	*El código Da Vinci* (2003), Dan Brown
Wang Lung	*La buena tierra* (1931), Pearl S. Buck
Demetrio Macías	*Los de abajo* (1916), Mariano Azuela

Josephine March	*Mujercitas* (1868), Louisa May Alcott
Mersault	*El extranjero* (1942), Albert Camus
Guy Montag	*Fahrenheit 451* (1953), Ray Bradbury
Padre Montes	*El poder y la gloria* (1940), Graham Greene
Paul Morel	*Hijos y amantes* (1913), D. H. Lawrence
Mowgli	*El libro de la selva* (1894), Rudyard Kipling
Claudia Nervo	*Zona sagrada* (1967), Carlos Fuentes
Scarlett O'Hara (el protagonista masculino es Rhett Buttler)	*Lo que el viento se llevó* (1936), Margaret Mitchell
R. Daneel Olivaw	*Bóvedas de acero* (1954) —y sus secuelas—, Isaac Azimov
Horacio Oliveira y Lucía «la Maga»	*Rayuela* (1963), Julio Cortázar
Billy Pilgrim	*Matadero cinco* (1969), Kurt Vonnegut
Alonso Quijano	*El ingenioso hidalgo don Quijote de la Mancha* (1605), Miguel de Cervantes Saavedra

Rodino Romanovich Raskolnikov	*Crimen y castigo* (1866), Fiodor Dostoievski
Filiberto Macario Reyes	*El Rayo Macoy* (1984), Rafael Ramírez Heredia
Howard Roark	*El manantial* (1943), Ayn Rand
Antoine Roquentin	*La náusea* (1938), Jean-Paul Sartre
Gregorio Samsa	*La metamorfosis* (1915), Franz Kafka
Santiago	*El viejo y el mar* (1952), Ernest Hemingway
Martín Santomé	*La tregua* (1960), Mario Benedetti
Ebenezer Scrooge	*Canción de Navidad* (1843), Charles Dickens
Winston Smith	*1984* (1948), George Orwell
Denis Stone	*Los escándalos de Crome* (1921), Aldous Huxley
El Tirano Ilustrado	*El recurso del método* (1974), Alejo Carpentier
Tita	*Como agua para chocolate* (1989), Laura Esquivel
Jack Torrance	*El resplandor* (1977), Stephen King
Ulises	*La odisea* (s. VIII a. C.), Homero

Jean Valjean	*Los miserables* (1862), Victor Hugo
Anne Welles	*El valle de las muñecas* (1966), Jacqueline Susann
John Worthing	*La importancia de llamarse Ernesto* (1895), Oscar Wilde

Índice

De las palabras: una memorabilia, de Ignacio Gómez
Gallegos, fue impreso y terminado en febrero
de 2010 en Encuadernaciones Maguntis,
Iztapalapa, México, D. F. Teléfono: 5640 9062
Formación: Sara Castillo Salinas